Influencer werden: Ein Leitfaden für Markenbotschafter von morgen

I0454589

Einleitung

Einleitung:

Die Kunst, ein Influencer zu werden, ist weit mehr als nur das Teilen von Fotos oder Videos in den sozialen Medien. Es geht darum, eine authentische Verbindung zu Menschen herzustellen, sie zu inspirieren und einen nachhaltigen Einfluss auszuüben. In diesem Buch erkunden wir die Schritte, Strategien und Prinzipien, die es braucht, um nicht nur in den digitalen Raum zu treten, sondern auch eine Bedeutung und Relevanz in der ständig wachsenden Welt der Influencer zu finden. Werde mit uns auf eine Reise gehen, die von der Entdeckung deiner Leidenschaft und Nische bis hin zur Entwicklung einer starken und engagierten Gemeinschaft reicht. Wir werden die Macht des Content-Marketings, die Bedeutung der Authentizität und die Dynamik der sozialen Medien erforschen. Du wirst lernen, wie du nicht nur Follower anziehst, sondern auch wie du eine bedeutende und positive Wirkung auf sie hast.
Dieses Buch ist eine Anleitung für diejenigen, die nicht nur den Status eines Influencers erreichen wollen, sondern auch eine tiefere Verbindung zu ihrer Zielgruppe aufbauen möchten. Es ist eine Erkundung der Chancen, Herausforderungen und Erfahrungen, die mit der Reise zum Influencer verbunden sind. Bist du bereit, deine Stimme zu finden und einen bleibenden Eindruck in der Welt der digitalen Einflussnahme zu hinterlassen? Dann lass uns gemeinsam beginnen.

Ich hoffe, dass Sie aus diesem Leitfaden wertvolle Erkenntnisse und praktische Tipps mitnehmen können, die Ihnen dabei helfen, die Welt der sozialen Medien zu nutzen und Ihre Geschäftsziele zu erreichen.
Lasst uns beginnen!

1.Lerne die Plattformen kennen.

Es gibt zahlreiche Social Media Plattformen, die für verschiedene Zwecke genutzt werden. Hier sind einige der bekanntesten Plattformen

Facebook: Eine der größten Social Media Plattformen, die es Benutzern ermöglicht, Fotos, Videos, Links und Statusaktualisierungen zu teilen. Es bietet auch Gruppen- und Seitenfunktionen.

Instagram: Eine Plattform, die sich auf visuelle Inhalte konzentriert, insbesondere Fotos und kurze Videos. Instagram ist besonders bei kreativen Branchen und Influencern beliebt.

X: Hier können Benutzer kurze Textnachrichten, mit anderen teilen. Es ist bekannt für Echtzeitinformationen und schnelle Konversationen.

LinkedIn: Eine Plattform für berufliche Netzwerke. LinkedIn wird oft für die Suche nach Arbeitsmöglichkeiten, Geschäftskontakten und professionellem Austausch genutzt.

YouTube: Eine Video-Plattform, auf der Benutzer Videos hochladen, ansehen und kommentieren können. Es ist die zweitgrößte Suchmaschine der Welt.

TikTok: Eine Plattform für kurze, unterhaltsame Videos. TikTok hat besonders bei jüngeren Nutzern an Popularität gewonnen.

Snapchat: Hier können Benutzer Fotos und Videos teilen, die nach kurzer Zeit verschwinden. Es ist bekannt für seine "Stories"-Funktion.

Pinterest: Eine Plattform, auf der Benutzer Bilder und Links zu thematischen Pinnwänden hinzufügen können. Es wird oft für die Entdeckung von Ideen und Inspiration genutzt.

Reddit: Eine Plattform, auf der Benutzer Inhalte teilen, diskutieren und bewerten können. Es gibt eine Vielzahl von Subreddits zu verschiedenen Themen.

WhatsApp: Ursprünglich eine Messaging-App, ermöglicht es Benutzern das Senden von Textnachrichten, Bildern, Videos und Sprachnachrichten. Es gehört zu Meta.

Tumblr: Eine Plattform für das Teilen von kurzen Blogbeiträgen, Bildern und Videos. Es hat eine eher kreative und vielfältige Community.

WeChat: Ursprünglich aus China stammend, ist WeChat eine umfassende Plattform, die Messaging, soziale Medien, Zahlungsdienste und mehr integriert.

Zu diesem Thema kann ich auch mein Buch empfehlen:

Social Media für Klein & Einzelunternehmen: Ein Leitfaden für Ihren digitalen Durchbruch.

Erhältlich auf Amazon.

Es gibt viele weitere Social Media Plattformen, und neue entstehen regelmäßig. Die Wahl der Plattform hängt oft von den individuellen Interessen, Zielen und der Zielgruppe ab.

2.Welche Plattformen sind für mich wichtig?

Die Auswahl der für dich wichtigen Social Media Plattformen hängt von verschiedenen Faktoren ab, darunter deine Ziele, die Art des Contents, den du teilen möchtest, und deine Zielgruppe. Hier sind einige Überlegungen für verschiedene Plattformen:

Facebook:
Gut für: Breite Zielgruppen, Community-Aufbau, Veranstaltungen, längere Beiträge.
Berufliche Nutzung: Ja, insbesondere für Unternehmen, Marken und Organisationen.

Instagram:
Gut für: Visuellen Content, Fotos, kurze Videos, Storytelling.
Berufliche Nutzung: Ja, besonders für visuell orientierte Branchen, Künstler, Influencer.

Twitter:
Gut für: Echtzeitinformationen, kurze Textnachrichten, Hashtag-Kampagnen.
Berufliche Nutzung: Ja, besonders für Branchen mit schnellen Nachrichtenzyklen.

LinkedIn:
Gut für: Berufliche Netzwerke, Karriereentwicklung, B2B-Kommunikation.
Berufliche Nutzung: Ja, besonders für Fachleute, Unternehmen und Arbeitssuchende.

YouTube:
Gut für: Videoinhalte, Tutorials, Vlogs, ausführliche Präsentationen.
Berufliche Nutzung: Ja, besonders für Content Creator, Unternehmen mit visuellem Content.

TikTok:
Gut für: Kurze, unterhaltsame Videos, Trends.

Berufliche Nutzung: Ja, insbesondere für Marken mit einer jüngeren Zielgruppe.

Snapchat:
Gut für: Schnelllebige, kurzlebige Inhalte, vor allem bei jüngeren Nutzern.

Berufliche Nutzung: Ja, wenn deine Zielgruppe Snapchat aktiv nutzt.

Pinterest:
Gut für: Inspirations- und Ideensammlungen, visuellen Content.

Berufliche Nutzung: Ja, besonders für Lifestyle-, Design- und kreative Branchen.

Reddit:
Gut für: Diskussionen, Community-Feedback, vielfältige Interessen.

Berufliche Nutzung: Ja, wenn du dich aktiv an relevanten Diskussionen beteiligen kannst.

WhatsApp:
Gut für: Gruppenkommunikation, Kundenservice, direkte Nachrichten.

Berufliche Nutzung: Ja, besonders für Kundenservice und direkte Kommunikation.

Die Wahl der Plattformen sollte auch auf deiner persönlichen Präferenz und dem Zeitaufwand basieren, den du für die Pflege und den Ausbau deiner Präsenz auf den Plattformen aufbringen kannst. Es kann auch sinnvoll sein, mehrere Plattformen zu nutzen, um verschiedene Aspekte deiner Persönlichkeit oder deines Unternehmens zu präsentieren.

3. Finde deine Nische.

Die Identifizierung deiner Nische erfordert Selbstreflexion, Forschung und die Analyse deiner Interessen, Fähigkeiten und der Bedürfnisse deiner potenziellen Zielgruppe. Hier sind einige Schritte, die dir helfen können, deine Nische zu finden:

Selbstreflexion:

Überlege, wofür du Leidenschaft und Interesse empfindest. Was sind deine Hobbys, Talente und Expertise?

Analysiere deine persönlichen und beruflichen Erfahrungen. Welche Fähigkeiten und Kenntnisse bringst du mit?

Frage dich, welche Themen dich so faszinieren, dass du darüber kontinuierlich lernen und teilen möchtest.

Zielgruppenanalyse:

Untersuche die Bedürfnisse, Probleme und Interessen deiner potenziellen Zielgruppe. Welche Fragen haben sie? Welche Herausforderungen stehen sie gegenüber?

Schau dir bestehende Communities in deinen Interessensbereichen an. Welche Themen sind dort besonders gefragt?

Marktforschung:

Analysiere bestehende Influencer und Content Creator in verschiedenen Bereichen. Wo gibt es Lücken oder unerfüllte Bedürfnisse?

Betrachte Trends in deinen Interessensbereichen. Was ist gerade populär, und gibt es Potenzial für Wachstum?

Kombination von Leidenschaft und Nachfrage:

Finde den Schnittpunkt zwischen deinen Leidenschaften und den Bedürfnissen der Zielgruppe. Eine erfolgreiche Nische vereint das, was du liebst, mit dem, was andere suchen.

Teste und Iteriere:

Beginne damit, Inhalte zu erstellen und deine Nische zu testen. Analysiere die Reaktionen deiner Zielgruppe und sammle Feedback.

Sei bereit, deine Nische anzupassen und zu verfeinern, wenn du mehr über deine Zielgruppe und deine eigenen Präferenzen lernst.

Einzigartigkeit betonen:

Überlege, wie du deine Persönlichkeit, Erfahrungen oder Sichtweise einbringen kannst, um dich von anderen abzuheben. Was macht dich einzigartig?

Bleibe authentisch:

Wähle eine Nische, die authentisch zu dir passt. Deine Begeisterung und Authentizität werden sich positiv auf deine Inhalte und deine Beziehung zu deiner Zielgruppe auswirken.

Beobachte die Entwicklung:

Die Interessen und Bedürfnisse deiner Zielgruppe können sich im Laufe der Zeit ändern. Sei bereit, dich anzupassen und neue Möglichkeiten zu erkunden.

Die Identifizierung deiner Nische ist ein kontinuierlicher Prozess. Es kann einige Zeit dauern, bis du die richtige Balance zwischen deinen Interessen und den Bedürfnissen deiner Zielgruppe findest. Sei geduldig, experimentiere und bleibe offen für Veränderungen.

4. Qualitativ hochwertiger Content

Qualitativ hochwertiger Content ist entscheidend, um die Aufmerksamkeit deiner Zielgruppe zu gewinnen und zu behalten. Hier sind einige Tipps, wie du Content erstellen kannst, der herausragt:

Kenne deine Zielgruppe:
Verstehe die Bedürfnisse, Interessen und Probleme deiner Zielgruppe. Erstelle Inhalte, die auf ihre spezifischen Anforderungen abgestimmt sind. Siehe 3.

Biete Mehrwert:
Stelle sicher, dass dein Content einen klaren Mehrwert für die Zuschauer hat. Entweder unterhält er, informiert, inspiriert oder löst Probleme.

Storytelling nutzen:
Erzähle Geschichten, um eine emotionale Verbindung herzustellen. Geschichten sind ein mächtiges Mittel, um Inhalte ansprechender zu gestalten.

Qualitativ hochwertige Medien verwenden:
Verwende hochauflösende Bilder, Videos und Grafiken. Gute visuelle Qualität erhöht die Glaubwürdigkeit und Attraktivität deines Contents.

Klare und ansprechende Überschriften:
Formuliere klare und ansprechende Überschriften, um die Aufmerksamkeit zu erregen. Die Überschrift sollte den Inhalt prägnant widerspiegeln.

Strukturiere deinen Content:

Unterteile deinen Content in Abschnitte und nutze Überschriften, Listen und Absätze. Das erleichtert das Lesen und Verstehen.

SEO-Optimierung:

Achte darauf, dass dein Content für Suchmaschinen optimiert ist. Verwende relevante Schlüsselwörter, um die Auffindbarkeit zu verbessern.

Interaktive Elemente einbinden:

Nutze Umfragen, Quizze oder Fragerunden, um die Interaktion mit deiner Zielgruppe zu fördern. Das steigert die Beteiligung.

Konsistenz in Stil und Ton:

Halte einen konsistenten Stil und Ton bei. Dein Content sollte zu deiner Marke und deiner Persönlichkeit passen.

Fokussiere auf Qualität, nicht Quantität:

Es ist besser, weniger hochwertigen Content zu produzieren als viel mittelmäßigen. Qualität steht im Vordergrund.

Call-to-Action einfügen:

Füge klare Handlungsaufrufe (Call-to-Action) hinzu, um die Zuschauer zu einer bestimmten Aktion zu bewegen, sei es das Teilen des Beitrags, das Kommentieren oder das Besuchen deiner Website.

Feedback nutzen:

Analysiere das Feedback deiner Zielgruppe und passe deinen Content entsprechend an. Lerne aus Erfolgen und Misserfolgen.

Überprüfe deine Rechtschreibung und Grammatik:

Fehlerfreier Text trägt zur Professionalität deines Contents bei. Überprüfe deine Rechtschreibung und Grammatik sorgfältig.
Hoffentlich habe ich hier auch keinen übersehen :)

Teste verschiedene Formate:
Experimentiere mit verschiedenen Content-Formaten, wie Blogposts, Videos, Infografiken, um herauszufinden, was am besten funktioniert.
Durch die Beachtung dieser Tipps kannst du die Qualität deines Contents verbessern und eine nachhaltige Beziehung zu deiner Zielgruppe aufbauen.

5.Engagiere dich mit deiner Community

Die aktive Interaktion mit deiner Community ist entscheidend, um eine engagierte und treue Anhängerschaft aufzubauen. Hier sind einige Möglichkeiten, wie du dich effektiv mit deiner

Community engagieren kannst:

Antworte auf Kommentare:
Nimm dir Zeit, um auf Kommentare unter deinen Beiträgen zu antworten. Dies zeigt deiner Community, dass du ihre Meinungen und Fragen schätzt.

Stelle Fragen:
Fordere deine Follower dazu auf, ihre Gedanken zu teilen, indem du Fragen stellst. Dies kann die Interaktion erhöhen und die Community einbinden.

Starte Umfragen:
Verwende Umfragen, um die Meinungen deiner Community zu verschiedenen Themen zu erfahren. Dies ermöglicht es dir, den Content besser an ihre Interessen anzupassen.

Teile Benutzer-generierten Content:
Ermutige deine Follower dazu, ihre eigenen Kreationen oder Erfahrungen im Zusammenhang mit deinem Thema zu teilen. Teile und würdige diesen Content, um die Gemeinschaft zu stärken.

Hoste Live-Sessions:
Plane regelmäßige Live-Sessions, um direkt mit deiner Community in Echtzeit zu interagieren. Beantworte Fragen, diskutiere Themen und zeige deine Persönlichkeit.

Veranstalte Gewinnspiele und Wettbewerbe:
Organisiere Gewinnspiele, bei denen deine Follower teilnehmen können. Dies fördert die Beteiligung und schafft Aufregung in der Community.

Teile Einblicke hinter die Kulissen:
Gewähre deiner Community einen Blick hinter die Kulissen deines Alltags oder deiner Arbeit. Authentizität schafft Vertrauen und Verbundenheit.

Verwende Hashtags und Erwähnungen:
Nutze Hashtags, um Themen zu organisieren, und erwähne andere Benutzer, um ihre Aufmerksamkeit zu erhalten. Dies fördert die Vernetzung innerhalb der Community.

Organisiere virtuelle Events:
Plane Online-Veranstaltungen wie Webinare, Q&A-Sessions oder virtuelle Treffpunkte, um direkte Interaktionen zu ermöglichen.

Dankeschön-Aktionen:
Zeige Wertschätzung gegenüber deiner Community, indem du Dankeschön-Beiträge oder -Aktionen teilst. Dies kann die Bindung stärken.

Reagiere auf Direktnachrichten:
Nimm dir Zeit, um auf private Nachrichten zu antworten. Dies schafft eine persönlichere Verbindung und zeigt, dass du auf individueller Ebene engagiert bist.

Schaffe eine Community-Plattform:
Erwäge die Nutzung von Gruppen in sozialen Medien oder speziellen Community-Plattformen, um den Austausch zwischen Mitgliedern zu fördern.

Höre zu und lerne:
Achte darauf, was deine Community sagt. Höre auf Feedback, lerne aus Diskussionen und passe deine Strategie an, um ihre Bedürfnisse besser zu erfüllen.

Die Schlüsselwörter bei der Community-Interaktion sind Authentizität und Konsistenz. Durch regelmäßige, positive Interaktionen zeigst du deiner Community, dass sie für dich von Bedeutung ist, und förderst eine engagierte und unterstützende Umgebung.

6. Hashtags

Hashtags sind Schlagwörter oder Phrasen, die mit einem Dach (#) beginnen und ohne Leerzeichen geschrieben werden. Sie werden häufig in sozialen Medien verwendet, um Inhalte zu kategorisieren, zu organisieren und auffindbar zu machen. Hier sind einige wichtige Aspekte und Verwendungszwecke von Hashtags:

Organisation von Inhalten:

Hashtags helfen dabei, Beiträge zu organisieren und in thematische Gruppen zu unterteilen. Wenn Nutzer auf einen Hashtag klicken oder nach ihm suchen, sehen sie alle Beiträge, die diesen Hashtag verwenden.

Erhöhung der Sichtbarkeit:

Die Verwendung von Hashtags erhöht die Auffindbarkeit deiner Beiträge. Wenn jemand nach einem bestimmten Hashtag sucht, erscheint dein Beitrag in den Suchergebnissen, auch wenn die Person dir nicht folgt.

Themenidentifikation:

Hashtags ermöglichen es, Themen zu identifizieren und Trends zu verfolgen. Sie dienen als Markierung für Gespräche, Events oder Kampagnen, und Benutzer können leichter Beiträge zu bestimmten Themen finden.

Teilnahme an Trends:

Durch die Nutzung populärer Hashtags kannst du an aktuellen Trends teilnehmen und deine Reichweite erhöhen. Dies ist besonders nützlich, wenn du an Diskussionen teilnehmen oder an aktuellen Ereignissen teilhaben möchtest.

Markenbildung:

Marken können eigene Hashtags erstellen, um ihre Produkte, Kampagnen oder Markenidentität zu fördern. Die Verwendung eines einzigartigen Hashtags kann dazu beitragen, eine spezifische Community aufzubauen.

Verbindung mit der Community:

Hashtags fördern die Interaktion mit der Community, da sie es Benutzern ermöglichen, Inhalte zu entdecken, die ihren Interessen entsprechen. Dies erleichtert die Vernetzung mit Gleichgesinnten.

Strategische Verwendung:

Es ist wichtig, Hashtags strategisch zu verwenden, um die gewünschte Zielgruppe zu erreichen. Dies kann die Verwendung relevanter Hashtags, die Verbindung mit Trending Hashtags und die Anpassung an die Plattformalgorithmen umfassen.

Plattformabhängigkeit:

Die Verwendung von Hashtags variiert je nach Plattform. Während sie auf Plattformen wie Instagram und Twitter sehr gebräuchlich sind, spielen sie auf anderen Plattformen wie Facebook eine weniger zentrale Rolle.

Beispiel:
>**Gut:** #ReiseAbenteuer2023
>**Besser:** #Weltreise #Abenteuer #ReiseLeben

Die Verwendung von Hashtags erfordert Kreativität und Strategie. Es ist wichtig, nicht zu viele Hashtags zu verwenden, um Spam zu vermeiden, und sicherzustellen, dass die gewählten Hashtags relevant für den Inhalt sind.

7.Netzwerke mit anderen Influencern.

Das Netzwerken mit anderen Influencern kann für deine eigene Präsenz und Wachstum von Vorteil sein. Hier sind einige Tipps, wie du erfolgreich mit anderen Influencern vernetzen kannst:

Identifiziere passende Influencer:
Finde Influencer, die in deiner Branche oder Nische tätig sind und eine ähnliche Zielgruppe ansprechen. Dies erleichtert die Zusammenarbeit und den Austausch von Followern.

Folge und interagiere:
Folge den Influencern in deinem Bereich auf ihren Social-Media-Plattformen und interagiere mit ihren Inhalten durch Likes, Kommentare und Shares. Zeige echtes Interesse an ihrer Arbeit.

Persönliche Nachrichten:
Sende persönliche Nachrichten an Influencer, die dich besonders inspirieren oder die du bewunderst. Teile deine Wertschätzung für ihre Arbeit und biete möglicherweise eine Zusammenarbeit an.

Beteiligung an Diskussionen:
Nimm an Diskussionen in deiner Branche teil, sei es in Kommentarspalten, Gruppen oder bei Events. Dies ermöglicht es dir, auf natürliche Weise mit anderen Influencern in Kontakt zu treten.

Teilnahme an Events und Meet-ups:

Besuche Branchenveranstaltungen, Meetups oder Konferenzen, um persönliche Verbindungen zu Influencern herzustellen. Diese Veranstaltungen bieten oft Gelegenheiten zum Networking.

Gemeinsame Projekte initiieren:

Schlage gemeinsame Projekte vor, die für beide Seiten von Vorteil sind. Dies könnten Kooperationen, gemeinsame Veranstaltungen oder Challenges sein, die die Reichweite beider Influencer steigern.

Teilen von Inhalten:

Teile die Inhalte anderer Influencer, wenn sie für deine Zielgruppe relevant sind. Dies zeigt nicht nur Wertschätzung, sondern ermöglicht auch eine Erwiderung der Gesten.

Bau eine Beziehung auf:

Baue schrittweise eine echte Beziehung auf, anstatt nur nach kurzfristigen Vorteilen zu suchen. Authentische Beziehungen sind langfristig wertvoller.

Bewerte ihre Arbeit:

Lob und schätze die Arbeit anderer Influencer. Dies kann in Form von Empfehlungen, Shoutouts oder Zusammenfassungen ihrer Erfolge geschehen.

Nutze Influencer-Plattformen:
 Plattformen wie AspireIQ, Traackr oder
 Influence.co können dir helfen, Influencer zu
 finden und mit ihnen in Kontakt zu treten.

Sei klar in deiner Absicht:
 Wenn du eine Zusammenarbeit im Sinn
 hast, sei transparent und klar in Bezug auf
 deine Absichten. Ein offener Austausch
 schafft Vertrauen.

Gemeinsame Ziele finden:
 Finde Gemeinsamkeiten und gemeinsame
 Ziele, die eine Kooperation sinnvoll machen.
 Dies kann die Grundlage für eine erfolgreiche
 Zusammenarbeit sein.

Denke daran, dass Influencer auch Menschen sind, und
der Aufbau von Beziehungen erfordert Zeit und
Echtheit. Sei respektvoll, authentisch und konzentriere
dich darauf, wie du einen gegenseitigen Nutzen schaffen
kannst.

8. Kooperationen

Die Suche nach Kooperationsmöglichkeiten mit anderen Geschäften und Marken erfordert eine strategische Herangehensweise und eine klare Kommunikation deiner Werte und Ziele. Hier sind einige Schritte, die dir helfen können, Kooperationen zu finden:

Definiere deine Ziele:
Überlege, was du durch die Kooperation erreichen möchtest. Dies könnte eine Erweiterung deiner Zielgruppe, die Steigerung der Bekanntheit oder die Einführung neuer Produkte sein.

Recherchiere potenzielle Partner:
Identifiziere Geschäfte und Marken, die zu deiner Nische, Zielgruppe und deinen Werten passen. Recherchiere deren bisherige Kooperationen und Erfahrungen.

Kontaktiere sie direkt:
Sende eine gut durchdachte E-Mail, direkte Nachricht oder kontaktiere sie über ihre bevorzugten Kommunikationskanäle. Stelle dich vor, erkläre deine Absichten und zeige, wie eine Zusammenarbeit für beide Seiten vorteilhaft sein kann.

Biete klare Vorteile:
Zeige auf, wie eine Zusammenarbeit für beide Parteien vorteilhaft sein kann. Betone, wie die Kooperation sowohl deiner Marke als auch der Partnermarke helfen kann.

Entwickle kreative Ideen:
Sei kreativ bei der Entwicklung von Kooperationsideen. Dies könnte eine gemeinsame Produktlinie, Veranstaltung, Werbekampagne oder Rabattaktion sein.

Bereite einen Vorschlag vor:
Erstelle einen professionellen Vorschlag, der deine Ideen, Ziele und den Nutzen der Kooperation klar darlegt. Dies kann Präsentationen, Statistiken oder visuelle Materialien umfassen.

Nutzung von Plattformen für Influencer-Marketing:
Plattformen wie BrandSnob, Traackr oder Influencity können bei der Identifizierung potenzieller Kooperationspartner und der Kontaktaufnahme unterstützen.

Besuche Branchenveranstaltungen:
Networking-Veranstaltungen und Branchenmessen bieten die Möglichkeit, persönliche Verbindungen herzustellen und potenzielle Kooperationspartner zu treffen.

Nutze soziale Medien:
Verwende soziale Medien, um Geschäfte und Marken anzusprechen. Markiere sie in relevanten Beiträgen, teile ihre Inhalte und bringe so deine Marke in ihre Aufmerksamkeit.

Demonstriere deinen Wert:
Zeige, wie deine Marke einen echten Wertbeitrag leisten kann. Dies könnte durch eine aktive und engagierte Community, starke Markenpräsenz oder innovative Ideen geschehen.

Flexibilität und Anpassungsfähigkeit:
Sei bereit, dich an die Bedürfnisse und Wünsche deines potenziellen Kooperationspartners anzupassen. Flexibilität kann den Erfolg einer Kooperation beeinflussen.

Messbare Ergebnisse anbieten:
Biete klare Messgrößen und Ergebnisse, um den Erfolg der Kooperation zu bewerten. Dies kann die Reichweite, Engagement-Raten oder den Umsatz beinhalten.

Denke daran, dass Kooperationen auf Gegenseitigkeit beruhen sollten. Suche nach Win-Win-Situationen, bei denen beide Seiten profitieren können, und sei offen für die Zusammenarbeit, die für beide Parteien sinnvoll ist

9. Analysiere und optimiere

Das Analysieren und Optimieren deiner Ergebnisse ist
ein entscheidender Schritt, um den Erfolg deiner
Bemühungen zu messen und deine Strategie
kontinuierlich zu verbessern. Hier sind einige Schritte,
die du bei der Analyse und Optimierung deiner
Ergebnisse beachten kannst:

Setze klare Ziele:
Definiere klare und messbare Ziele für deine
Aktivitäten. Dies könnte die Steigerung der
Reichweite, die Verbesserung des
Engagements oder die Erhöhung des
Umsatzes umfassen.

Verwende Analysetools:
Nutze Analysetools, die auf den jeweiligen
Plattformen verfügbar sind.
Plattformspezifische Analysewerkzeuge wie
Facebook Insights, Instagram Insights,
Google Analytics oder spezialisierte
Influencer-Marketing-Plattformen können dir
wertvolle Einblicke liefern.

Analysiere das Engagement:

Überwache das Engagement in Form von
Likes, Kommentaren, Shares und Klicks.
Analysiere, welche Inhalte besonders gut
ankommen, und versuche, Muster zu
erkennen.

Messung der Reichweite:
Achte auf die Reichweite deiner Beiträge und deiner Marke insgesamt. Analysewerkzeuge können zeigen, wie viele Menschen deine Inhalte gesehen haben und wie weit sie verbreitet wurden.

Conversion-Raten überprüfen:
Wenn deine Ziele Conversions beinhalten (z.B., Produktverkäufe oder Anmeldungen), überprüfe die Conversion-Raten und identifiziere, welche Maßnahmen die besten Ergebnisse erzielen.

Analysiere die Zielgruppe:
Schaue dir die demografischen Daten und das Verhalten deiner Zielgruppe an. Dies hilft dir dabei, besser zu verstehen, wer deine Anhänger sind und wie du deine Strategie anpassen kannst.

Bewerte den ROI (Return on Investment):
Wenn möglich, analysiere den ROI, um festzustellen, ob die Investition in bestimmte Kampagnen oder Aktivitäten rentabel war.

Feedback von der Community einholen:
Beteilige deine Community aktiv und hole Feedback ein. Dies kann in Form von Umfragen, Kommentaren oder direktem Feedback geschehen.

Optimiere deine Strategie:
Basierend auf den gesammelten Daten und dem Feedback, optimiere deine Strategie. Passe deine Inhalte, Timing, Hashtags oder Kooperationen an, um bessere Ergebnisse zu erzielen.

Lerne aus Misserfolgen:
Betrachte auch Misserfolge als Lernmöglichkeit. Analysiere, warum bestimmte Aktivitäten nicht wie erwartet funktioniert haben, und leite daraus Erkenntnisse für zukünftige Maßnahmen ab.

Halte dich auf dem Laufenden:
Bleibe auf dem Laufenden über Trends in deiner Branche und in den sozialen Medien. Passe deine Strategie an, um relevante Entwicklungen zu berücksichtigen.

Regelmäßige Überprüfung:
Führe regelmäßige Überprüfungen durch, um sicherzustellen, dass deine Strategie aktuell und effektiv ist. So kannst du schnell auf Veränderungen in der Social-Media-Landschaft reagieren.

Die kontinuierliche Analyse und Optimierung sind entscheidend, um in der sich ständig entwickelnden Welt der sozialen Medien erfolgreich zu sein. Sei bereit, flexibel zu sein und deine Strategie basierend auf den gesammelten Daten anzupassen.

10. Wie wäre es mit einem Blog?

Das Führen eines Blogs kann für verschiedene Zwecke und Ziele vorteilhaft sein. Hier sind einige Gründe, warum viele Menschen und Unternehmen einen Blog starten:

Content-Veröffentlichung:
Ein Blog ermöglicht die regelmäßige Veröffentlichung von Inhalten. Dies ist besonders für Content Creators, Autoren und Unternehmen wichtig, die ihre Expertise, Meinungen oder Informationen teilen möchten.

Suchmaschinenoptimierung (SEO):
Blogs können dazu beitragen, die Sichtbarkeit einer Website in Suchmaschinen zu verbessern. Durch das regelmäßige Veröffentlichen von qualitativ hochwertigen, relevanten Inhalten können Blogs dazu beitragen, in den Suchergebnissen höher platziert zu werden.

Aufbau von Fachwissen und Autorität:
Durch das Teilen von Fachwissen und Einblicken in einem Blog kann man sich als Experte auf einem bestimmten Gebiet positionieren. Dies trägt zur Autorität und Glaubwürdigkeit bei.

Community-Aufbau:

Ein Blog ermöglicht es, eine Community von Lesern aufzubauen. Die Interaktion mit der Community durch Kommentare, Social Media und Diskussionen fördert das Engagement und die Bindung.

Content-Marketing:

Blogs sind eine effektive Form des Content-Marketings. Unternehmen können durch hochwertige Inhalte ihre Zielgruppe ansprechen, informieren und letztendlich für ihre Produkte oder Dienstleistungen interessieren.

Monetarisierung:

Blogs bieten die Möglichkeit, Einnahmen zu generieren, sei es durch Anzeigen, gesponserte Beiträge, Affiliate-Marketing oder den Verkauf von eigenen Produkten und Dienstleistungen.

Kreative Entfaltung:

Ein Blog bietet Raum für kreative Entfaltung. Es ist eine Plattform, auf der man seine Stimme finden, Geschichten erzählen, Meinungen teilen und kreativen Ausdruck finden kann.

Personal Branding:

Ein Blog ist ein wichtiger Bestandteil des Personal Brandings. Es ermöglicht es Einzelpersonen, ihre Persönlichkeit, Werte und Fachkenntnisse zu präsentieren und ihre Marke aufzubauen.

Netzwerkaufbau:

Das Teilen von Inhalten über einen Blog bietet die Möglichkeit, mit anderen in der Branche zu vernetzen. Dies kann zu Partnerschaften, Kooperationen und beruflichen Chancen führen.

Selbstreflexion:

Ein Blog kann als Plattform für persönliche Selbstreflexion dienen. Das Schreiben über Erfahrungen, Lektionen und persönliches Wachstum kann nicht nur andere inspirieren, sondern auch dazu beitragen, die eigene Entwicklung zu verfolgen.

Kommunikation mit der Zielgruppe:

Blogs bieten die Möglichkeit, direkt mit der Zielgruppe zu kommunizieren. Kommentare und Feedback ermöglichen einen Dialog, der dazu beitragen kann, die Bedürfnisse und Wünsche der Leser besser zu verstehen. Egal ob für berufliche oder persönliche Zwecke, das Führen eines Blogs bietet zahlreiche Vorteile und kann eine effektive Möglichkeit sein, Inhalte zu teilen, Beziehungen aufzubauen und Ziele zu erreichen.

11. Geduld haben

Der Aufbau deiner Reichweite, sei es auf Social Media, einem Blog oder einer anderen Plattform, erfordert Geduld und Ausdauer.

Die Wichtigkeit von Geduld im Aufbau deiner Reichweite.

In der Welt des Online-Contents sind wir oft von blitzschnellen Erfolgsgeschichten und scheinbar mühelosem Ruhm umgeben. Doch für diejenigen, die ihre eigene Reichweite aufbauen, ist Geduld nicht nur eine Tugend, sondern der Schlüssel zum langfristigen Erfolg.

Der Weg zum Aufbau einer bedeutenden Reichweite ist wie eine Reise durch unbekanntes Terrain. Du startest mit einer Vision, aber die Ergebnisse lassen manchmal auf sich warten. In diesen Momenten ist Geduld nicht nur eine Fähigkeit; sie wird zu einem Verbündeten.

Geduld bedeutet, die Entwicklungen mit einem klaren Verstand und einer ruhigen Seele zu akzeptieren. Es ist das Verständnis, dass echter Einfluss Zeit braucht, um zu reifen, wie ein guter Wein, der durch die Jahre hindurch an Tiefe und Geschmack gewinnt.

In der heutigen Welt, in der Sofortigkeit oft als Norm betrachtet wird, wird die Kunst der Geduld oft übersehen. Der Aufbau deiner Reichweite ist jedoch mehr Marathon als Sprint. Jeder Beitrag, jedes Like und jeder Follower ist ein Schritt auf diesem langen Weg, und es ist wichtig, jeden dieser Schritte zu schätzen.

Geduld bedeutet nicht, passiv zu sein. Es erfordert kreative Strategien, Ausdauer und die Bereitschaft, aus Fehlern zu lernen. Es ist die Fähigkeit, sich auf das langfristige Ziel zu konzentrieren, selbst wenn die aktuellen Zahlen vielleicht nicht so beeindruckend sind, wie du es dir erhofft hast.

Denke an all die großartigen Geschichten von Menschen und Marken, die ihre Reichweite nicht über Nacht aufgebaut haben. Sie alle haben gemeinsam, dass sie durch Zeiten der Unsicherheit und des langsamen Wachstums gegangen sind. Ihre Geduld zahlte sich aus, als ihre Reichweite organisch und nachhaltig wuchs.

Also, wenn du dich auf dem Weg machst, deine eigene Reichweite aufzubauen, erinnere dich daran: **Geduld** ist nicht nur ein Klischee, sondern eine grundlegende Notwendigkeit. Vertraue dem Prozess, feiere kleine Erfolge und erkenne an, dass sich echte Größe im Laufe der Zeit entfaltet.

Möglicherweise wirst du nicht über Nacht berühmt, aber mit Geduld wirst du nicht nur eine Reichweite aufbauen – du wirst eine Gemeinschaft schaffen, die auf Authentizität und Nachhaltigkeit basiert. Und das, meine Freunde, ist der wahre Wert von Geduld im digitalen Zeitalter.

12. Über den Autor.

Gerne unterstütze ich Sie dabei ein Influencer zu werden oder wenn Sie fragen zu diesem Booklet haben.

Hier:
Instagram:
@Maxrassg

Whatsapp: